Einsterns Schwester 4

Themenheft 2

Richtig schreiben

Herausgegeben von
Roland Bauer
Jutta Maurach

Erarbeitet von
Wiebke Gerstenmaier
Sonja Grimm

Cornelsen

Inhaltsverzeichnis

So kannst du mit den Heften arbeiten

Du machst alle
Seiten der Lernportion 1.

Zuerst im grünen Heft. Dann im roten Heft. Dann im gelben Heft. Und dann im blauen Heft.

Danach machst du in
allen Heften die Lernportion 2.

Nun machst du in
allen Heften die Lernportion 3.

Genauso bearbeitest du
alle anderen Lernportionen.

Zu jeder Lernportion kannst du im Arbeitsheft arbeiten.

→ AH Seite …
Dieser Hinweis zeigt dir,
dass es eine passende Seite
im Arbeitsheft gibt.

1 Nachschlagen üben

1 Wiederhole das Alphabet.

a) Schreibe die direkten Vorgänger im Alphabet auf.

| ☆ M | ☆ F | ☆ Y | ☆ J | ☆ L | ☆ P | ☆ O |

b) Schreibe alle Monate nach dem Alphabet geordnet auf.

c) Ordne die Wörter nach dem Alphabet.

der Beruf ✶ beruhigen ✶ der Berg ✶ der Besuch ✶ berühmt ✶ der Besen

d) Schreibe das Wort auf, das falsch eingeordnet ist.

setzen ✶ die Seuche ✶ seufzen ✶ sich ✶ sicher ✶ die Sichel ✶ das Sieb

Heft 2, Seite 5 ①
a) L M, ...
b) April, ...
c) der Berg, ...
d) ...

A B C D E F G

2 Prüfe die Aussagen. Die Buchstaben vor richtigen Aussagen ergeben rückwärts gelesen ein Lösungswort. Du kannst auch im Wörterbuch nachschlagen.

Heft 2, Seite 5 ②
T ...

T Der Buchstabe **F** ist der sechste im Alphabet.
E Verben stehen im Wörterbuch in der Grundform.
L **L** ist der direkte Vorgänger von **N**.
B Im Wörterbuch sind alle Leitwörter fett gedruckt.
A Der Buchstabe **T** kommt vor **U**.
E Jedes Leitwort hat mindestens ein Nebenstichwort.
H Nomen stehen in der Einzahl, die Mehrzahlform steht dahinter.
S Ein Wörterbuch enthält alle Wörter der deutschen Sprache.
P Bei Nomen steht auch der Artikel im Wörterbuch.
L Nebenstichwörter haben meist denselben Wortstamm.
A Zusammengesetzte Nomen muss ich zerlegen und die einzelnen Teile nachschlagen.
S Bei einem Verb sind im Wörterbuch alle Personalformen aufgeführt.

das Alphabet
die Einzahl
das Leitwort
das Verb
enthalten
stehen

1 Nomen im Wörterbuch nachschlagen

Nicht alle Nomen finde ich als Leitwort im Wörterbuch.
Viele Nomen sind **Nebenstichwörter**. Ich finde sie **bei verwandten Wörtern mit demselben Wortstamm**: die Spitze (Nomen) steht bei spitz (Adjektiv).
Zusammengesetzte Nomen zerlege ich in ihre Bestandteile und schlage diese Wörter einzeln im Wörterbuch nach: der Kuhstall: die Kuh, der Stall

1 Schreibe zu den Nebenstichwörtern verwandte Wörter auf, unter denen du nachschlagen kannst.

die Kräfte ✱ der Zöllner ✱ die Jagd ✱ der Jüngling ✱ der Irrtum ✱ die Starrheit

Heft 2, Seite 6 ①
die Kräfte: Kraft, …

2 Zerlege die zusammengesetzten Nomen in Wörter, die du nachschlagen kannst.

das Saftglas ✱ das Schullandheim ✱ die Autobatterie ✱ das Brillenetui

Heft 2, Seite 6 ②
das Saftglas: der Saft,
das Glas …

3 Schlage im Wörterbuch nach.

a) Finde zu jedem Nomen den Artikel.

Joghurt ✱ Galopp ✱ Gummi ✱ Granit ✱ Karies ✱ Judo

Heft 2, Seite 6 ③
a) der/das Joghurt, …
b) die Traktoren, …
c) die Mine: Bleistiftmine, …

b) Finde die Mehrzahlformen. Achtung! Drei Wörter gibt es nur in der Einzahl.

der Traktor ✱ die Veranda ✱ der Speichel ✱ das Reck ✱ die Logik ✱ der Globus ✱ der Föhn ✱ die Pizza ✱ die Liga ✱ der Auspuff ✱ der Spinat ✱ die Limonade

c) Finde drei verschiedene Bedeutungen für die Wörter.

die Mine ✱ der Star

die Batterie
das Brillenetui
der Föhn
der Irrtum
der/das Joghurt
die Liga

1 Verben im Wörterbuch nachschlagen

Personal- und Zeitformen von Verben finde ich **bei der Grundform**:
es geschah (3. Person Einzahl, 1. Vergangenheit) steht bei geschehen (Grundform).
Verben muss ich ohne Wortbaustein nachschlagen: abwiegen steht bei wiegen.

1 Schreibe die Grundformen auf, unter denen du diese Verbformen im Wörterbuch findest.

es fährt ✶ sie gab ✶ er verschenkte ✶ ausgießen ✶
sie flicht ✶ er gebietet ✶ es gedieh ✶ er nahm ✶
er schnitt ✶ er aß ✶ gesessen ✶ es hing ✶ wir griffen

Heft 2, Seite 7 ①
es fährt – fahren, ...

2 Schreibe zu den Nebenstichwörtern verwandte Wörter auf, unter denen du nachschlagen kannst.

gipsen ✶ sich schlängeln ✶ säubern ✶ sich kümmern ✶
kühlen ✶ vorlesen ✶ ruhen ✶ regnen ✶ schwärmen ✶
lohnen ✶ ergänzen ✶ vergrößern ✶ hämmern

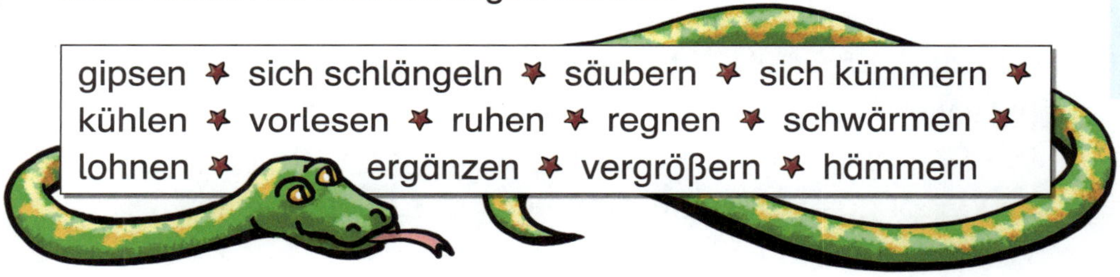

Heft 2, Seite 7 ②
der Gips, ...

3 Schreibe aus dem Wörterbuch das Leitwort mit allen Nebenstichwörtern ab.
Markiere gleiche Wortstämme in derselben Farbe.

- mahnen
- merken
- hindern
- hoffen
- beißen

Heft 2, Seite 7 ③
mahnen, er mahnte,
die Mahnung, ...

ärgern
belohnen
erziehen
fehlen
sich kümmern
ruhen
säubern
sich schlängeln

1 Einen Text verbessern

1 Schlage die markierten Wörter nach.

a) Schreibe sie richtig auf.

b) Drei Fehler sind ähnlich. Schreibe die Wörter auf und zeichne die Silbenbögen ein.

Heft 2, Seite 8 ①
a) eigentlich, ...
b) der Herzinfarkt, ...

Liebe Mia!

Stell dir vor, was hier gestern los war. Eigendlich dachten wir, dass bei uns an Sylvester wie immer wegen der Tiere keine Raketen abgeschossen würden. Deshalb standen wir um zwölf auch ganz gemühtlich auf der Terasse und haben auf das neue Jahr angestoßen. Da gab es plötzlich einen wahnsinnigen Knall. Pedro bekam wohl fast einen Herzinfakt, denn er rannte mit voller Wucht gegen das Tor, so dass das Schanier aufbrach und er im Galopp über die Felder flüchtete. Das war vielleicht eine Hecktik, die erwachsenen verfolgten Pedro, wärend wir Kinder versuchten, die anderen Pferde zu behruigen. Dabei sollen Tine und Berry am Sonntag am Neujahrstunier teilnehmen. Hoffentlich klappt das jetzt überhaupt. Ich habe mich nämlich so darauf gefreut und gehofft, die Konkurrens hinter mir zu lassen und eine Medallje oder sogar einen Pokal zu holen. Drück mir bitte die Daumen!

Ich wünsche dir ein gutes neues Jahr,
deine Lotte

2 Schreibe die Fremdwörter auf, die du anders schreibst, als du sie sprichst.

Heft 2, Seite 8 ②
der Ingenieur, ...

genial * der Ingenieur * das Medikament * demokratisch * das Shampoo * das Genie * die Angina * der Reflex * die Demonstration * die Narkose * die Infektion * die Lasagne * der Container * der Experte * die Fitness

→ AH Seite 8

1 Fremdwörter verstehen und richtig schreiben

1 Schlage die Fremdwörter im Wörterbuch nach. Prüfe alle Schreibweisen, denn manchmal sind mehrere möglich.

Heft 2, Seite 9 ①
der Passagier, …

der	Passaggier	Pasagier	Passaschier	Passagier
der/das	Joggurt	Jogurt	Johgurt	Joghurt
der	Paragrav	Pharapraph	Paragraph	Paragraf
das	Teater	Theater	Theather	Teather
der	Dedektif	Dedektiv	Detektiv	Detektiw

2 Finde die Fremdwörter in der Wörterliste auf den Seiten 44 bis 48. Schreibe sie richtig mit einer Erklärung auf.

Heft 2, Seite 9 ②
Das S… ist
ein Sportgerät, …

- ein Sportgerät mit vier Rollen, auf dem manche wahre Kunststücke vollbringen: S…
- ein Spiel, bei dem viele einzelne Teile zu einem Bild zusammengesetzt werden: P…
- die Befragung von wichtigen, berühmten oder interessanten Personen: I…
- die Bestellung einer regelmäßigen Lieferung von Zeitungen oder Zeitschriften: A…
- ein Tier, das seine Farbe der Umgebung anpassen kann: Ch…

3

die Bibliothek
der Chirurg
der Computer
die Diskette
das Interview
das Medikament
der Monitor
der USB-Stick

2 Wörter und Sätze mit Silbenbögen kontrollieren

1 Lies in Silben und schreibe alle zweisilbigen Wörter auf.
Zeichne die Silbenbögen ein und markiere die Silbenkerne.

Heft 2, Seite 10 ①
Wasser, …

Wasser ✶ Strand ✶ Meer ✶ Wellen ✶ Kapitän ✶ Öl ✶
Seetang ✶ Seegurke ✶ Wattwanderung ✶ Seeräuber ✶
Sandkorn ✶ Bademeister ✶ Kompass ✶ Dampfschiff ✶ Matrose ✶ Segelboot ✶
Seestern ✶ Muschel ✶ Perle ✶ Seebär ✶ Pirat ✶ Perle ✶ Mast ✶
Matrose ✶ Säbel ✶ Pistole ✶ Kanone ✶ Tanker

2 Präge dir immer ein Wort ein und schreibe es dann auswendig auf. Sprich dabei in Silben und kontrolliere anschließend mit Hilfe der Silbenbögen.

Heft 2, Seite 10 ②
die Seifenblubber…

- die Seifenblubberblasenmaschinenreparatur
- der Gummientenweitwurfwettbewerb
- der Badewannenwassertemperatursturz

3 Wähle zwei Sätze aus und schreibe sie ab.
Kontrolliere mit Hilfe der Silbenbögen.

Heft 2, Seite 10 ③
Annabella Angelfix …

- Annabella Angelfix wirft eilig ihr Fischernetz über Bord.
- Wendolin Wassermann watschelt wie wild durch das Wattenmeer.
- Im Wirtshaus Neptunia speist man hervorragende Seesternspezialitäten.
- Serafina entfernt dreiundzwanzig winzige Seeigelstacheln mit einer Pinzette.

4 Bringe die Silben in die richtige Reihenfolge.

Heft 2, Seite 10 ④
das Seemannsgarn, …

- das mannsSeegarn
- die fraujungMeer
- der schwimtungsRetmer
- der karaPipitentän
- der bauKlamannter
- die uMasenformtroni

die Maschine	die Temperatur
die Pinzette	entfernen
die Reparatur	reparieren
die Spezialität	hervorragend

→ AH Seite 13, Seite 14

2 Texte mit Silbenbögen kontrollieren

1 Lies den Text.

a) Schreibe alle acht Nomen, die mehr als drei Silben haben, mit Artikel auf.

Heft 2, Seite 11 ①
a) die Einmachgläser, …
b) …

Er befand sich jetzt in einem langen, finsteren Korridor, an dessen Wänden in hohen Gestellen hunderte und tausende von großen Einmachgläsern standen. Es war die Sammlung, die er sein „Naturkundemuseum“ nannte. In jedem dieser Gläser befand sich ein gefangenes Elementargeistchen. Da gab es alle Sorten von Zwergen, Heinzelmännchen, Koboldchen und Blumenelfen, daneben Undinen und kleine Nixen mit bunten Fischschwänzchen, Wassermännlein und Sylfen, sogar ein paar Feuergeisterchen, Salamander genannt, die sich in Irrwitzers Kamin versteckt gehalten hatten.

Michael Ende

b) Finde die Nomen mit diesen Silbenkernen im Text.

Ei a ä e — ei e ä e — a e ä ei

2 Schreibe den Text als Schleichdiktat. Kontrolliere die für dich schwierigen Wörter mit Silbenbögen.

Heft 2, Seite 11 ②
Der Zauberer saß …

Der Zauberer saß | in einem geräumigen Ohrenbacken-
sessel, | den vor vierhundert Jahren |
ein handwerklich begabter Vampir | eigenhändig aus Sargbrettern |
geschreinert hatte. | Die Polster bestanden aus Werwolfsfellen, |
die freilich inzwischen schon |
ein wenig schäbig geworden waren. |
Die Pfeife, aus der er rauchte, | stellte einen kleinen
Totenkopf dar, | dessen Augen aus grünem Glas | bei
jedem Zug aufglühten. | Die Rauchwölkchen bildeten
in der Luft | allerlei seltsame Figuren: | Zahlen und
Formen, | sich ringelnde Schlangen, | Fledermäuse,
kleine Gespenster, | aber hauptsächlich Fragezeichen.

Michael Ende

die Figur
das Naturkundemuseum
der Vampir
glühen
verstecken
hauptsächlich
seltsam
inzwischen

2 Mit Silben spielen

1 Schreibe die sechs Titel der Geschichten richtig auf.

Die doks O po del	weiß Schnee chen und sen rot Ro
sel Hän und tel Gre	ter Räu ja Ron ber toch
ckie Wi und ner ken Män die star	rix te As und lix be O

Heft 2, Seite 12 ①
Die Opodeldoks, …

2 Schreibe die Wörter richtig auf. Markiere die Silbenkerne.

a) das B✱ch ✱ das B✱ch✱rr✱g✱l ✱ die B✱bl✱✱th✱k ✱
das ✱nh✱ltsv✱rz✱chn✱s ✱ der V✱rl✱g ✱ das C✱v✱r

b) der Klppntxt ✱ das Mrchn ✱ der Cmc ✱
die Ztschrft ✱ das Ttlbld ✱ die Hrbchr

Heft 2, Seite 12 ②
a) das Buch, …
b) der Klappentext, …

3 Lest das Gedicht mit allen Silbenkernen. Übt mehrmals.

Das Finkennest

✱ch f✱nd einm✱l ein F✱nk✱nn✱st,
✱nd ✱n demselben l✱g d✱r R✱st
v✱n ✱n✱m Krim✱nalr✱man.
Nun s✱h m✱l ✱n: Der F✱nk k✱nn l✱s✱n!
K✱n W✱nder, ✱s ✱st ✱n Buchfink g✱w✱s✱n.

Heinz Erhardt

4 Finde die Nomen mit diesen Silbenkernen im Text.

a ea e — Ei i a e — a e i e
au ie e — ea e au ü u — au ei a

Zur Theateraufführung fährt die Klasse 4b mit der Straßenbahn. Vor dem Haupteingang des Stadttheaters verteilt Frau Mai die Eintrittskarten. Nach der Vorstellung haben die Kinder die einmalige Möglichkeit, den Regisseur und die Schauspieler, die Bühnenbildner und die Maskenbildner zu treffen und zu befragen.

Heft 2, Seite 12 ④
Stadttheater, …

der Eintritt
die Maske
die Stadt
aufführen
treffen
vorstellen

2 Trennungsregeln wiederholen

1 Wiederhole die Trennungsregeln.

a) Schreibe die Trennungsregeln richtig auf.
Lasse nach jeder Regel zwei Zeilen frei.

Heft 2, Seite 13 ①
Trennungsregeln
1. Zweisilbige und mehrsilbige ...
Wa-gen, ...
...
2. Achtung! Beim ...
...
3. ...

1 Zweisilbige und mehrsilbige Wörter trenne ich

immer zusammen.

2 Achtung! Beim Trennen von Wörtern darf

meist wie beim Silbensprechen.

3 Einsilbige Wörter

das gesamte Wort nicht mehr in die Zeile passt.

4 Beim Trennen von ck-Wörtern bleibt das ck

zwischen t und z.

5 Wörter mit tz trenne ich

kann ich nicht trennen.

6 Ich trenne Wörter am Ende einer Zeile, wenn

ein Buchstabe aber nie alleine stehen!

b) Finde zu den Trennungsregeln 1 bis 5 die passenden Beispielwörter.
Schreibe sie mit ihren Trennstrichen in die freien Zeilen.

Wagen ✶ legen ✶ Scheibenwischer

witzig ✶ sitzen ✶ motzen ✶ Pfütze

oben ✶ über ✶ Opa ✶ Igel ✶ Esel

packen ✶ Decke ✶ lecker ✶ wickeln

Obst ✶ Mais ✶ Welt ✶ Witz ✶ alt

kitzeln
packen
spritzen
trennen
wickeln
locker
witzig
zusammen

c) Finde zu jeder Regel drei weitere Beispielwörter.

2 Trennungsregeln anwenden

1 Schreibe alle Nomen mit Trennstrichen auf.
Beachte die Trennungsregeln von Seite 13.

Heft 2, Seite 14 ①
On-kel, Pe-ter, Di-…

Mein Onkel Peter ist Dirigent. Er arbeitet in der Oper und leitet dort das Orchester. Seine wichtigsten Arbeitsmittel sind die Notenpartituren und seine verschiedenen Taktstöcke. Mit deren Hilfe gibt er all den Musikern mit ihren unterschiedlichen Instrumenten deutliche Zeichen, damit sie ihre Einsätze nicht verpassen und an den richtigen Stellen lauter oder leiser spielen. Die Musiker sitzen im Orchestergraben unten vor der Bühne, auf der die Sänger die Stücke aufführen. So lenken sie die Aufmerksamkeit des Publikums nicht von der Bühne ab. Erst am Ende dürfen auch sie sich richtig zeigen, sich verbeugen und ihren Applaus in Empfang nehmen.

2 Ordne die Bilder den Orff'schen Instrumenten richtig zu.
Schreibe die Namen mit Trennstrichen auf.

Heft 2, Seite 14 ②
A: Schel-len-ring
B: …

Triangel
Rassel
Becken
Xylophon
Glockenspiel
Holzblocktrommel
Klanghölzer
Schellenring
Zimbeln

3 Schreibe die drei Wörter auf, die du nicht trennen kannst.

Trompete ✶ Gitarre ✶
Cello ✶ Posaune ✶
Klavier ✶ Geige ✶
Klarinette ✶ Bass ✶
Pauke ✶ Flöte ✶
Waldhorn ✶ Oboe ✶
Harfe ✶ Tuba ✶
Bratsche ✶ Gong

Heft 2, Seite 14 ③
der Bass, …

der Applaus
der Dirigent
das Orchester
das Publikum

das Xylophon
aufführen
verpassen
deutlich

3 Wörter mit ai merken

w M

1 Finde zehn Nomen mit **ai**. Schreibe sie mit Artikel auf.
Manche Buchstaben musst du mehrmals benutzen.
Die Bilder helfen dir.

Heft 2, Seite 15 ①
die Waise, …

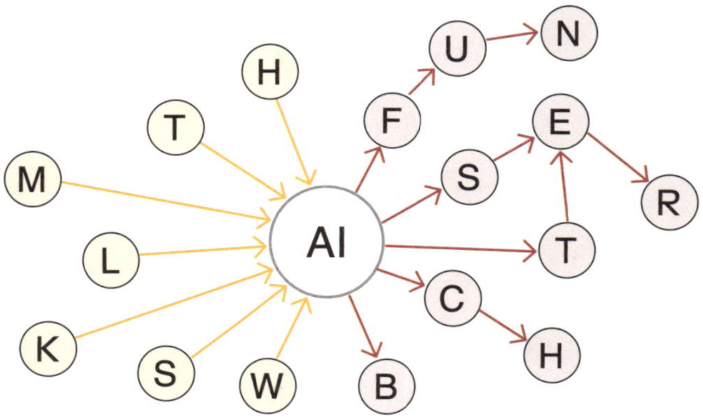

2 Bastle einen Merkwort-Fächer.

- Falte zwei DIN-A4-Blätter so: 
- Schneide die Papierstreifen an den Faltlinien entlang durch. 
- Lege alle Papierstreifen aufeinander und loche sie einmal oben. 
- Verbinde alle Papierstreifen mit einer Musterklammer. 

3 Schreibe alle **ai**-Wörter dieser Seite nach dem Alphabet geordnet auf den ersten Papierstreifen deines Merkwort-Fächers. Markiere die Merkstelle.

4

der Brotlaib
der Hai
der Kaiser
das Maiglöckchen
der Mais
der Saite
die Waise

→ AH Seite 21

3 Wörter mit äh, öh und üh zuordnen

1 Sortiere die Wörter mit **äh**, **öh** und **üh**.

a) Schreibe jeweils eine Wortliste auf einen Papierstreifen deines Merkwort-Fächers.

b) Setze Silbenbögen unter die Wörter. Markiere die Merkstelle.

w★★rend f★★ren erw★★nen vers★★nen k★★l die R★★re
die M★★re die ★★re die H★★le die Z★★ne die M★★le
fr★★lich die M★★ne der Fr★★ling gew★★nlich allm★★lich
fr★★ ber★★mt die Dr★★te ungef★★r dr★★nen die W★★rung
st★★nen die Str★★ne die Geb★★r r★★ren verw★★nen
gef★★rlich f★★len erz★★len g★★nen w★★len die F★★re

c) Ergänze deine Wortlisten mit Wörtern aus der Wörterliste oder dem Wörterbuch.

2 Schreibe aus deinen Listen Reimwortketten in dein Heft.

Zweier-Ketten | Dreier-Ketten | Vierer-Ketten

Heft 2, Seite 16 ②
Zweier-Ketten: Föhre – Öhre, …
Dreier-Ketten: …
Vierer-Ketten: …

3

die Mähne
die Mühle
dröhnen
fröhlich
früh
kühl
ungefähr
während

3 Wörter mit y lernen

Wörter mit y muss ich mir merken. Oft sind es Fremdwörter.
Das y wird unterschiedlich ausgesprochen:
als **ü**: Gymnastik als **i**: Pony als **j**: Yoga

1 Sortiere die **y**-Wörter nach ihrem Laut.

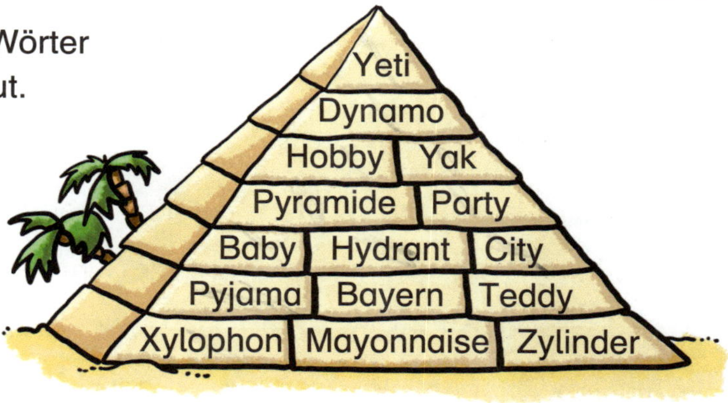

Heft 2, Seite 17 ①
Y wie ü: Dynamo, …
Y wie i: City, …
Y wie j: Yeti, …

2 Übe die Wörter mit **y** aus **1**. Nimm ein kariertes DIN-A4-Blatt quer, teile es wie im Beispiel in vier Spalten.

Wort	Strichbild	Beispielsatz	Seite im Wörterbuch
Yeti	I ı I ı	Den Yeti gibt es nicht wirklich.	Seite ___
Hobby	I ı I I ı	Mein Hobby ist …	…
…	…	…	…

3 Schreibe alle Wörter mit **y** von dieser Seite auf einen Papierstreifen deines Merkwort-Fächers.

das Baby
der Dynamo
das Hobby
der Pyjama
die Pyramide
der Teddy
das Xylophon
der Zylinder

3 Kleine Wörter üben

M

1 Der Computer gibt sechs Aufgaben zur Auswahl.
Wähle drei Aufgaben aus und bearbeite sie.

2 Schreibe die Wörter aus **1** auf zwei Papierstreifen deines Merkwort-Fächers:

a) erster Streifen:
alle kurzen Wörter,
die aus zwei oder drei
Buchstaben bestehen

b) zweiter Streifen:
alle Wörter mit einem i-Laut,
also Wörter mit ie, ih und i

bald
bloß
ihr
nämlich
sehr
während
wieso
wir

3 Mit dem Merkwort-Fächer arbeiten

M

1 Übe mit einem Partnerkind die Wörter aus deinem Merkwort-Fächer.
Wählt zwei Übungen aus.

Auf Zeit schreiben

Entscheidet euch für eine Seite aus dem Merkwort-Fächer.
Schreibt zwei Minuten lang alle Merkwörter auf,
die euch dazu noch einfallen.
Wählt weitere Seiten aus.

Partnerdiktat

Diktiert euch gegenseitig die Wörter einer Seite.
Beide Partner dürfen dabei keinen Fehler machen.
Das Kind, welches diktiert, gibt sofort einen stummen Hinweis,
sobald es einen Fehler entdeckt.

Bildet Unsinnssätze mit den Wörtern aller Fächerkarten

Sucht von jeder Karte ein Wort aus.

Rätsel

Stellt euch gegenseitig Rätsel zu den Wörtern aus dem Merkwort-Fächer
- Lückenwörter: M_hr_ (= Möhre)
- Wörter zu Silbenkernen suchen: ai e Kaiser, Waise, …
- Nomen beschreiben: „Mein Nomen hat drei Silben. Es blüht im Frühling. Es ist weiß.
- Strichbild: |ı|| = bald, …
-

2

Wörter verlängern

Bei manchen Wörtern oder Wortstämmen kann ich die richtige Schreibweise nicht hören.
Dann **verlängere** ich das Wort durch **Weiterschwingen**:
Am **Wortende** höre ich dann b oder p, d oder t, g oder k:
der Zwer_ Beweis: die Zwerge Lösung: der Zwerg
Einen **doppelten Mitlaut** höre ich dann in zwei Silben:
das Fe_ Beweis: die Felle Lösung: das Fell
Bei **Verben mit ng oder nk** in der 3. Person Einzahl höre ich g oder k in der Grundform:
sie sin_t Beweis: singen Lösung: sie singt
Bei **Wörtern mit silbentrennendem h** höre ich das h in der Grundform:
er zie_t Beweis: ziehen Lösung: er zieht

1 Finde die richtige Schreibweise.
Verlängere dazu die Wörter oder Wortstämme.

Der Hun✶ be✶t laut.
Die Klavierstunde begi✶t später.
Mike wünscht sich ein rotes Re✶auto.
Der Trampelpfa✶ führt auf den Ber✶.
Der Die✶ trä✶t eine dunkle Maske.
Der Hase flie✶t schne✶ vor dem Fuchs.
Die Brü✶affen sind heute stu✶.
Der Schu✶ ste✶t hinten im Wan✶regal.

Heft 2, Seite 20 ①
der Hund → die Hunde …
bellt → bellen
…

2 Findet eigene Wörter wie in **1**.
Nehmt ein kariertes DIN-A4-Blatt quer und legt eine Tabelle an.
Schlagt in der Wörterliste auf den Seiten 44 bis 48 und im Wörterbuch nach.

b/p – d/t – g/k	doppelter Mitlaut	Verb mit ng/nk	silbentrennendes h
der Dieb	dünn	sie singt	zäh
…	…	…	…
…	…	…	…

③ Finde im Text die 14 Fehler.
Verlängere die Wörter und beweise so die richtige Schreibweise.

Heft 2, Seite 21 ③
er fegt ↪ fegen, …

Heute muss ich Vater helfen. Er fekt wie wilt im Haus umher. II
Selbst die Blatläuse schnipt er von den Pflanzen ab und kehrt noch rasch II
den Staup unter den Teppichen hervor. Im Bat wienert er die Fliesen. II
Der Lieferservice brinkt schnel ein paar Blumen und der Gril III
stet einsatzbereit im Schuppen. Da komt Mutter nach Hause. II
Sie schaut sich um, schmunzelt verliept und ruft meinem Vater zu: I
„Tol hast du geputzt, aber Muttertak ist erst nächsten Sonntag!“ II

④ Finde passende Schwungmuster.

Heft 2, Seite 21 ④ a)
der Schwimmflügel: schwimmen

a) Schreibe auf und verlängere.

Schwimmflügel ✶ Puppenbett ✶
Haselnussschokolade ✶ Kuhstall ✶
Vollkornbrötchen ✶ Tollpatsch ✶
Stehtisch ✶ Nudelsieb ✶

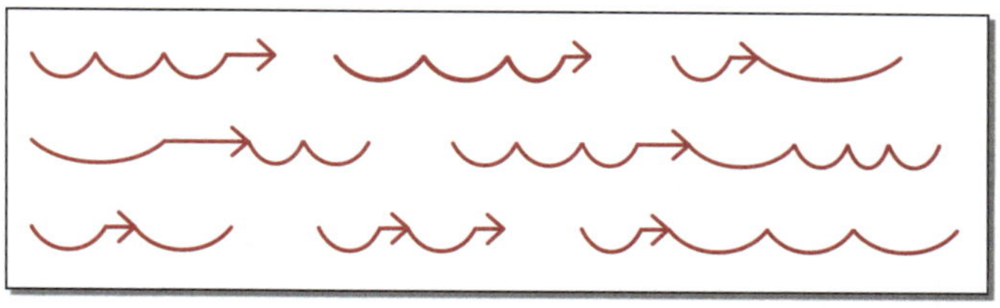

b) Finde zu jedem Schwungmuster aus a) ein eigenes Wort.

Heft 2, Seite 21 ④ b)
Handschuh …

⑤

der Sonnabend
der Wald
der Wand
der Zeh
er sieht
schnell
wild

→ AH Seite 27

4 Wörter mit ä und äu ableiten

1 Finde Ableitungen.

a) Ordne die **ä**-Wörter nach ihren Wortarten und leite ab.

Heft 2, Seite 22 ①

Nomen	Verben	Adjektive
Schädling	erkälten	volljährig
⚡	⚡	⚡
der ...	kalt, ...	das Jahr, ...

b) Finde zu jeder Wortart mindestens ein **äu**-Wort und leite es ab. Du kannst auch die Wörterliste nutzen.

Wenn ein Wort mit **ä** oder **äu** von einem Wortstamm mit **a** oder **au** abgeleitet werden kann, gilt das Zeichen ⚡ für ableiten.

2 Finde zu den Wörtern einer Wortfamilie den Wortstamm und ein weiteres verwandtes Wort mit **ä** oder **äu**. Schreibe auf.
Du kannst auch im Wörterbuch nachschlagen.

Heft 2, Seite 22 ②
⚡drang:
drängen, bedrängt, Gedränge ...

- ⚡ ? drängen bedrängt
- ⚡ ? verträumt träumen
- ⚡ ? gefährlich die Fährte
- ⚡ ? wärmen gewärmt
- ⚡ ? unzählig verzählen

3

das Geschäft
die Härte
das Rätsel
die Wärme
erklären
ängstlich
gefährlich
säuerlich

→ AH Seite 28

4 Wörter mit ä/äu und e/eu unterscheiden

1 Unterscheide Wörter mit **eu** und Wörter mit **äu**.

a) Setze **eu** oder **äu** ein. Schreibe die Wörter richtig auf.

Die Wörter mit **e** oder **eu** kannst du nicht ableiten.

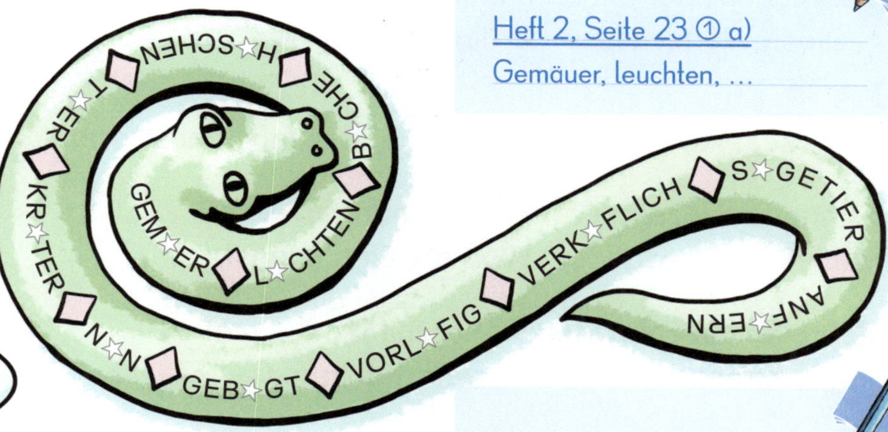

Heft 2, Seite 23 ① a)
Gemäuer, leuchten, …

b) Leite die **äu**-Wörter von einem verwandten Wort mit **au** ab.

Heft 2, Seite 23 ① b)
das Gemäuer ↯ die Mauer, …

2 Prüfe, ob du ableiten kannst. Setze dann entweder **e** oder **ä** ein. Schlage unbekannte Wörter im Lexikon nach.

a) 1. Als Grenze bauten die Römer aus Erde W☆lle.
2. Die Surfer warten auf die perfekte W☆lle.

b) 1. Bisons lieferten den Indianern F☆lle.
2. Der Kommissar löst kriminalistische F☆lle.

c) 1. Das Taxi wartet wie immer an derselben St☆lle.
2. Der Bauer bringt abends die Tiere in die St☆lle.

d) 1. Die Prinzessin tanzt auf vielen B☆llen.
2. Der Hundetrainer verbietet dem Hund das B☆llen.

e) 1. Der Segler macht sich bereit zur W☆nde.
2. Ein Malermeister verschönert die W☆nde.

Heft 2, Seite 23 ②
a) 1. die Wälle ↯ der Wall
2. die Welle
b) 1. …
2. …

3

4 Über Wörter mit ä nachdenken

Einige Wörter mit **ä** können nicht von einem verwandten Wort abgeleitet werden. Diese Wörter musst du dir merken.

1 Unterscheide Wörter mit **ä**, die du ableiten kannst, von den Merkwörtern mit **ä**.

a) Schreibe die zehn Wörter mit **ä** heraus, die du von einem verwandten Wort ableiten kannst.

Heft 2, Seite 24 ① a)
tagtäglich ⚡ der Tag, …

b) Schreibe die zehn Merkwörter mit **ä** auf einen Papierstreifen deines Merkwort-Fächers.

„Tagtäglich dasselbe!“, schimpft Herr Martinek. „Regelmäßig kommst du zu spät zum Unterricht. Das ist ungefähr das vierte Mal in diesem Monat, und wir haben heute erst den zwölften März! Allmählich reicht es mir, dass du so gemächlich ins Klassenzimmer geschlurft kommst. Länger schaue ich mir das nicht mit an!“ „Entschuldigung“, stammelt Kaya und schaut sich ängstlich um. Gequält ringt sie sich ein müdes Lächeln ab und setzt sich zu den anderen Mädchen an den Gruppentisch. „Hast du verschlafen?“, fragt Lotta in der Pause, als sie Kaya beim Verlassen des Schulgebäudes gähnen sieht. „Bist wohl unfähig deinen Wecker zu bedienen!“, raunt Hannes ihr böse zu. „Alles Käse“, brüllt Kaya mächtig laut zurück, „ihr habt doch keine Ahnung, wie das ist, wenn man die Älteste ist und seine Geschwister morgens gleich in zwei Kindergärten bringen muss. Ich kann es nicht ändern, dass meine Eltern früh zur Arbeit müssen.“ Da dreht sich Herr Martinek um. „Doch, ich weiß, wie es ist!“ Er sieht Kaya an: „Wir finden eine Lösung!“, und dann erzählt er, wie es bei ihm war.

c) Ergänze die Fächerkarte aus b) mit den Merkwörtern aus der Lernwörterliste rechts.

d) Finde sieben Merkwörter mit **ä** aus der Wörterliste auf den Seiten 45 und 46. Schreibe sie auf die Fächerkarte.

der Bär
beschäftigen
die Dämmerung
der Käfig
nämlich
kläffen
das Märchen
vorwärts

Zeitangaben groß- und kleinschreiben

Die Namen der **Wochentage** und **Tageszeiten** sind Nomen.
Diese schreibe ich **groß**: der Montag, der Nachmittag
Zusammengesetzte Nomen aus Wochentag und Tageszeit schreibe ich groß: der Montag + der Abend = der Montagabend
Manchmal werden **Zeitangaben nicht als Nomen** verwendet.
Dann schreibe ich sie **klein**: morgens, mittwochs, vorgestern

1 Schreibe die Zeitangaben richtig, entweder groß oder klein.

a) Ersetze die Nomen durch kleingeschriebene Zeitangaben.

der Morgen | der Vormittag | in der Nacht | am Donnerstag | am Mittwoch

Heft 2, Seite 25 ①
der Morgen – morgens, …

b) Ergänze den Hefteintrag durch zwei Tageszeiten und zwei Wochentage.

2 Setze die passende Zeitangabe in die Lücke ein.
Entscheide, ob du groß- oder kleinschreiben musst.
Schreibe auf und unterstreiche.

AM ABEND ✶ AM DONNERSTAG ✶ FREITAG ✶ JEDEN MORGEN ✶ MITTWOCHS ✶ MITTWOCHABENDS ✶ MORGENS ✶ NACHMITTAGS ✶ SONNTAGMORGEN

Heft 2, Seite 25 ②
Jeden Morgen frühstücke ich schnell. Nur …

- ✶ frühstücke ich schnell. Nur am ✶ habe ich viel Zeit.
- Der ✶ ist ein schöner Tag. Ich habe ✶ Ballett und ✶ darf ich länger aufbleiben.
- Mit meiner Freundin gehe ich immer ✶ ins Hallenbad, ✶ darf sie dann bei mit schlafen.
- ✶ gehe ich besonders gerne in die Schule, denn ✶ haben wir zwei Stunden Sport.

der Freitagmorgen
die Nacht
am Vormittag
abends
mittags
nachts
übermorgen
vorgestern

5 Die Groß- und Kleinschreibung üben

Das Wortanfangsdiktat

1. Ich bekomme **einen Satz** diktiert.
2. Nun frage ich für jedes Wort die Regeln der Groß- und Kleinschreibung ab.

Du kennst Nomen, Verben und Adjektive. Alle anderen Wörter heißen hier Restwörter. Schreibe sie klein.

Satzanfang? Nomen? Verb? Adjektiv? Restwort?

3. Ich schreibe **untereinander nur die Wortanfänge** groß oder klein auf: Das = **D**, Schaf = **S**, …

Diktierter Satz: DAS SCHAF STEHT TRAURIG IM GRAS.

Ich frage die Groß- oder Kleinschreibung ab.

Diktierter Satz:	Ich spreche:	Ich schreibe:
DAS	Satzanfang → groß	D
SCHAF	Nomen → groß	S
STEHT	Verb → klein	s
TRAURIG	Adjektiv → klein	t
IM	Restwort → klein	i
GRAS.	Nomen → groß	G

1 Probiere es mit den folgenden Sätzen einmal aus.
Nimm ein kariertes DIN-A4-Blatt quer. Schreibe untereinander.

DAS KLEINE SCHAF RITA LEBT AM MEER.
RITA HAT KEINE LUST, TAG UND NACHT VOR SICH HIN ZU FRESSEN.
RITA STEHT OBEN AUF DEM DEICH UND SCHAUT IN DIE FERNE.
IRGENDWO HINTER DEM WEITEN HORIZONT SIND DIE ORTE IHRER TRÄUME.

MARTIN KLEIN

5

Das Legediktat

1. Ich bekomme einen Satz diktiert.
2. Nun lege ich mit rechteckigen Kärtchen diesen Satz nach.
   Ich spreche dabei mit und denke an den Satzanfang und die Wortarten.

Diktierter Satz:	Rita	guckt	übers	Wasser	und	träumt.
Ich lege:	▮	▬	▬	▮	▬	▬
Ich spreche:	Satz-anfang	Verb	Rest-wort	Nomen	Rest-wort	Verb

2 Lege die passenden Satzmuster und sprich dazu wie im Beispiel.

RAUBSCHAFE FÜRCHTEN WEDER SCHÄFERHUNDE NOCH BULLTERRIER.
NICHT WEIT ENTFERNT LEBT IN DER STADT DAS MEERSCHWEIN RUTH.
DIE MENSCHEN FINDEN ROSETTENMEERSCHWEINE GANZ BESONDERS NIEDLICH.

3 Entscheide, ob du mit dem **Wortanfangsdiktat** oder mit dem **Legediktat** diesen Text über Ritas Meerschwein-Freundin Ruth üben willst.
Finde ein Partnerkind. Lass dir den Text diktieren.

Ruth verbringt ihre Tage in einem kleinen Käfig.
Es gibt darin nichts als einen Unterschlupf. Er sieht aus wie ein Fliegenpilz. Und einen Futternapf in Herzform. Und jede Menge Sägespäne. Sie gehört einem Jungen namens Johann. Johann liebt sein Rosettenmeerschwein. Johann hält Ruth für sehr scheu.

Martin Klein

→ AH Seite 35

5 Mehrteilige Eigennamen großschreiben

Bei **Eigennamen**, die **aus zwei Teilen** bestehen, wird nicht nur das **Nomen**, **sondern auch** das **Adjektiv großgeschrieben**:
der Atlantische Ozean, der Deutsche Bundestag, der Kleine Bär

1. Ordne jedes Adjektiv dem passenden Nomen zu. Schreibe mit dem zweiteiligen Eigennamen einen kurzen Satz auf.

Adjektiv	Nomen
nah	Staaten
schwarz	Meer
pazifisch	Nationen
groß	Ozean
vereint	Osten
vereinigt	Wagen

Heft 2, Seite 28 ①
Zum Nahen Osten gehören die Länder Saudi-Arabien und der Oman. …

2. Findet zu zweit mindestens sechs zweiteilige Eigennamen wie oben im Kasten. Schaut dazu im Lexikon, in Zeitschriften oder im Internet nach.

Heft 2, Seite 28 ②
…

3. Entscheide, wann das Adjektiv groß- und wann es kleingeschrieben wird.

olympisch | klein | rot | indisch

die ▢ Spiele
der ▢ Bär
der ▢ Briefkasten
der ▢ Ozean
der ▢ Wettkampf
der ▢ Bruder
das ▢ Meer
das ▢ Essen

der Deutsche Bundestag
der Schiefe Turm von Pisa
die Vereinten Nationen
der Indische Ozean
der Kleine Wagen
der Große Bär

5 Wörter mit verstecktem Artikel großschreiben

Verben können zu Nomen werden. Ich erkenne sie am Artikel vor dem Verb:
Das Hüpfen macht mir Spaß.
Manchmal ist der Artikel versteckt: beim (= bei dem) Schaukeln
Weitere versteckte Artikel sind: am, ans, aufs, im, ins, vom, zum

1 Schreibe auf, was die Kinder auf dem Spielplatz machen und was ihnen passiert. Nutze die Wörter auf den Kärtchen.

Heft 2, Seite 29 ①
Sophie verliert beim Rennen …
…

das | beim | vom | im | zum | ins

klettern | rennen | drehen | rutschen

schaukeln

essen

2 Finde mithilfe der Wortkärtchen eigene Sätze, in denen das Verb zum Nomen wird.

Heft 2, Seite 29 ②
…

essen | aufstehen | zuhören

bauen | grübeln | träumen

3

gewinnen
gucken
parken
rennen
schütteln
sprechen
zeichnen

→ AH Seite 36

6 Kurze und lange Selbstlaute unterscheiden

Nach einem kurzen, betonten Selbstlaut (Vokal) folgen meist zwei oder mehr Mitlaute (Konsonanten). Das können gleiche, aber auch verschiedene sein: der Wald, das Wasser, die Katze, packen
Nach einem langen Selbstlaut folgt meist nur ein Mitlaut: der Wal, haben

1 Schreibe die Begriffe auf. Kennzeichne den kurzen Selbstlaut mit einem Punkt. Markiere die folgenden Mitlaute farbig.

Heft 2, Seite 30 ①
die Hand, ...

2 Schreibe nur die Wörter auf, in denen der Selbstlaut kurz gesprochen wird. Markiere wie in **1**.

Heft 2, Seite 30 ②
A: der Ast, ...
E: ...

A: Gras ✶ Hase ✶ Schaf ✶ Vase ✶ Ast ✶ Gas ✶ lahm ✶ Ratte ✶ Rabe ✶ rasen ✶ mager ✶ Tag

E: Mehl ✶ Schnecke ✶ Weg ✶ Steg ✶ geben ✶ Rebe ✶ leben ✶ Zehe ✶ fehlen ✶ Welle ✶ wenig

I: Tiger ✶ Brief ✶ Liebe ✶ Sieb ✶ ihr ✶ viel ✶ Kiste ✶ lieben ✶ Igel ✶ Biber ✶ immer

O: Moos ✶ Bohne ✶ Soße ✶ loben ✶ Wolle ✶ Robe ✶ Ross ✶ los ✶ Oma ✶ Ofen ✶ oben

U: Schuhe ✶ Fuß ✶ Tube ✶ Ufer ✶ Ufo ✶ lustig ✶ Schmutz ✶ Ruhe ✶ Schule ✶ Gruß

3 Schwinge die Wörter. Zeichne die Silbenbögen in die Luft. Suche weitere Paare.

Nase – Nüsse
Vase – Wasser
Rasen – Rösser
Plane – Panne
Hupe – Puppe

der Himmel	rutschen
der März	zittern
die Toilette	lustig
nennen	wirklich

6 Wörter mit doppelten Mitlauten erkennen

Wenn ich einen doppelten Mitlaut (Doppelkonsonant) am Wort- oder Wortstammende schlecht höre, kann mir das Weiterschwingen helfen:
Kamm – die Kämme, voll – ein voller Bus,
Treffpunkt – treffen, schwimmt – schwimmen

1 Verlängere durch Weiterschwingen ↪.
Kennzeichne den kurzen Selbstlaut.

schnell | Bass | kämmt | dumm
kennt | Bett | Stamm | voll | schwimmt

Heft 2, Seite 31 ①
schnell ↪ das schnelle Boot
...

2 Verlängere durch Weiterschwingen.
Schreibe auf, wie du verlängert hast.

Mein kleiner Bruder brü✱t vor Wut.
Er hat seine Lieblingssendung verpa✱t.
Er schna✱t sich die Fernbedienung, re✱t
in sein Zimmer und tritt gegen die Tür.
Zum Glück tri✱t er sie nicht richtig,
denn der Rahmen ist eh schon ganz kru✱.

Heft 2, Seite 31 ②
brüllt ↪ brüllen
...

3 Entscheide dich für die richtige Schreibweise.
Schreibe den Text ab.

Peters Hu✱d (n/nn) be✱t (l/ll) he✱tig (f/ff).

Er ta✱zt (n/nn) wi✱d (l/ll) um mich herum.

Er schna✱t (p/pp) nach der Wu✱st (r/rr).

Dabei klä✱t (f/ff) er i✱er (m/mm) lauter.

Heft 2, Seite 31 ③
Peters Hund ...

die Nummer	kommen
die Spagetti	wetten
das Wasser	spannend
fallen	toll

6 Wörter mit tz und z unterscheiden

Nach einem kurzen Selbstlaut (Vokal) steht nicht zz, sondern **tz**: die Katze
Nach einem langen Selbstlaut (Vokal) steht nur **z**: die Kapuze
Nach Zwielauten steht nur **z**: heizen, der Kauz
Direkt **nach anderen Mitlauten** (Konsonanten) steht nur **z**:
das Herz, der Pilz, tanzen

Merke dir
die Eselsbrücke:
Nach l, n, r, das merke ja,
steht nie tz und nie ck.

1 Mache das tz am Wortende durch Verlängern ↷ hörbar.

der Blitz ✶ der Witz ✶ der Schmutz ✶
der Platz ✶ der Autositz ✶ das Netz

Heft 2, Seite 32 ①
der Blitz ↷ Blitze

2 Finde immer ein passendes Verb.

der Putz ✶ der Besitz ✶ die Verletzung ✶ der Schutz

Heft 2, Seite 32 ②
der Putz ↷ putzen

3 Ordne die Wörter in eine Tabelle. Nimm dazu ein kariertes DIN-A4-Blatt quer.

tz nach kurzem Selbstlaut	z nach langem Selbstlaut	z nach Zwielaut	z direkt nach Mitlauten (l, n, r)
...	...	...	der Pelz

der Pel✶ ✶ rei✶end ✶ schmu✶ig ✶ das Her✶ ✶
der Wei✶en ✶ pe✶en ✶ pu✶ig ✶ die Schnau✶e ✶
der Kran✶ ✶ fli✶en ✶ das Gewür✶ ✶ die Ka✶e ✶
die Hei✶ung ✶ si✶en ✶ die Wal✶e ✶ die Kapu✶e ✶
kur✶ ✶ der Pil✶ ✶ die Bre✶el ✶ pel✶ig

die Brezel
die Kapuze
die Matratze
heizen

putzen
schützen
geizig
schmutzig

6 Wörter mit ck und k unterscheiden

Nach einem kurzen Selbstlaut (Vokal) steht nicht kk, sondern **ck**: das Reck
Nach einem langen Selbstlaut (Vokal) steht nur **k**: die Luke, die Küken
Nach Zwielauten steht nur **k**: die Pauke
Direkt **nach anderen Mitlauten** (Konsonanten) steht nur **k**: der Quark, parken

1 Lerne die Regeln.

a) Schreibe die vier Regeln von oben in dein Heft.
Lasse dazwischen immer zwei Zeilen frei.

b) Bilde mit den Buchstaben drei Beispielwörter zu jeder Regel.

Heft 2, Seite 33 ①
a) Nach einem kurzen …
das Becken, …

b) …

B/b		a				
D/d		e			en	
E/e		i			el	
F/f	l	o			eln	
K/k		u	l	ck	e	
L/l	n				t	
M/m		ei	m		er	ei
N/n	r	ie	n	k	chen	
P/p		au	r		ig	
S/s	p	äu			us	
T/t		eu			s	
W/w						
Sch		ä/ö/ü				

2

die Schaukel
der Schrank
der Stock
meckern

trinken
winken
zudecken
trocken

→ AH Seite 46, Seite 47

6 Wörter mit doppelten Mitlauten, tz und ck üben

1 Schnippse für ein Partnerkind eine Münze oder einen Spielchip vom Kreis auf den Spielplan. Dein Partnerkind muss alle Aufgabenfelder bearbeiten, die die Münze berührt. Dann tauscht ihr. Jedes Kind spielt fünf Mal.

Bett ✶ Bock ✶ dreckig ✶ Gebäck ✶ Gepäck ✶ Gorilla ✶ Hecke ✶ klappen ✶ Klotz ✶ nass ✶ Pfütze ✶ Puppe ✶ Ratte ✶ retten ✶ satt ✶ schmatzen ✶ schmutzig ✶ schnell ✶ Schokokusswettessen ✶ schwimmen ✶ sitzen ✶ spitz ✶ Stück ✶ Suppe ✶ Tatze ✶ wackeln ✶ Wackelpuddingschüssel ✶ Wasserballmannschaft ✶ Witz ✶ Zecke ✶

Schreibe alle Wörter mit tz auf. Kennzeichne den kurzen Selbstlaut.	Schreibe alle Wörter mit ck auf. Kennzeichne den kurzen Selbstlaut.	Schreibe acht Wörter mit Doppelmitlaut auf. Zeichne die Silbenbögen ein.	Nenne alle Tiere.
Nenne alle einsilbigen Wörter und verlängere sie.	Nenne drei Reimwortpaare.	Finde zwei Wörter mit gleicher Bedeutung.	Nenne alle Adjektive und verlängere sie.
Sprich alle Verben in Silben.	Nenne alle Nomen mit Artikel.	Schreibe alle Wörter mit mehr als zwei Silben mit Trennstrichen auf.	Sage die Trennungsregel von Wörtern mit tz auf.
Schreibe möglichst viele Wörter aus dem Gedächtnis auf.	Hüpfe das längste Wort in Silben.	Sage die Trennungsregel von ck-Wörtern auf.	Schreibe alle zweisilbigen Wörter mit ihren Silbenbögen auf.
Lies alle Wörter in Sprechsilben vor.	Erfinde einen Satz mit möglichst vielen ck-Wörtern.	Male eines der Wörter und lasse es erraten.	Beschreibe eines der Wörter und lasse es erraten.

Heft 2, Seite 34 ①

...

7 Wörter mit s und ß unterscheiden

M

Nach einem langen Selbstlaut (Vokal) oder Zwielaut schreibe ich nur **ausnahmsweise ein ß** statt s. Diese Wörter muss ich mir **merken**.

1 Schlage im Wörterbuch nach. Setze **s** oder **ß** ein.
Schreibe die Wörter mit Silbenbögen auf. Markiere das **ß**.

Ho✶e ✱ Blumenva✶e ✱ Kai✶er ✱ drau✶en ✱ abschlie✶en ✱ Hufei✶en ✱ Le✶ebuch ✱ Kartoffelklö✶e ✱ Seifenbla✶en ✱ flei✶ig ✱ ✶onne ✱ Urlaubsgrü✶e ✱ Wie✶e ✱ Fü✶e

Heft 2, Seite 35 ①

s	ß
Hose	

2 Schreibe aus der Wörterliste mindestens 15 Wörter mit **ß** auf eine Seite deines Merkwort-Fächers.

3 Trage die Wörter in die richtige Spalte ein und ergänze die Tabelle.

das Geheiß | aufspießen | flößen | der Gruß | wird stoßen | versüßen

Nomen	Verb in der Grundform	Verb in der 1. Vergangenheit	Verb in der Zukunft
das Geheiß	heißen	er ...	er wird ...
...	...	...	...

4

das Floß
beißen
genießen
heißen
schmeißen
außen
dreißig
fleißig

→ AH Seite 54

7 Zusammengesetzte Nomen mit Fugen-s kennen

Manchmal steht ein **s als Verbindung** in zusammengesetzten Nomen: Geburtstag
Diese s-Verbindung wird **Fugen-s** genannt.
Manchmal gibt es zwei Verbindungen: Geburtstagsfest

1 Bilde zusammengesetzte Nomen mit Artikel.
Markiere das Fugen-s und setze Silbenbögen.

Glück	Hochzeit
Geburt	Einladung
Schaden	Unterricht
Schaf	Einkauf

Karte	Ersatz
Zettel	Strähne
Gäste	Stunde
Käse	Tag

Das Fugen-s steht immer am Ende einer Silbe.

Heft 2, Seite 36 ①
Die Glückssträhne, …

2 Schreibe in einem Wort.

- ein Ei zum Frühstück
- die Handschuhe für schmutzige Arbeit
- eine Taube als Zeichen für den Frieden
- ein Schild im Verkehr
- eine Uhr mit einem kleinen Kuckuck
- die Grüße aus einem Urlaub
- eine Führung im Museum

Heft 2, Seite 36 ②
das Frühstücksei, …

3 Bilde jeweils vier eigene Wörter mit Frühling und Geburtstag.

das Fest	die Stunde
der Frühling	der Unterricht
das Glück	der Urlaub
der Käse	der Zettel

Heft 2, Seite 36 ③
Frühlings…, …

7 „das“ und „dass“ unterscheiden

So entscheide ich, ob ich **das** oder **dass** schreibe:
Wenn ich in einem Satz **dieses**, **jenes** oder **welches** ersetzen kann, schreibe ich **das**:

Das / Dieses Spiel haben wir gewonnen. Das Spiel, **das** / **welches** wir gewonnen haben, war toll.

Als **Bindewort** schreibe ich **dass**: Es stört mich, **dass** du laut bist.

1 Entscheide, was passt.

a) Ersetze **das** durch **dieses**, **jenes** oder **welches**.

Heft 2, Seite 37 ①
Wickie ist jenes pfiffige Wikingerkind aus Flake. …

- Wickie ist **das** pfiffige Wikingerkind aus Flake.
- **Das** Wikingerschiff hat die Segel gehisst.
- Wickie erklärt Ylvi **das** Spiel, **das** er so gerne spielt.
- Ein Abenteuer, **das** spannend ist, **das** ist für Snorre das Richtige.
- „Ruhe bewahren“ heißt **das** oberste Gebot von Halvars Truppe.
- Ulme trällert **das** Lied, **das** Ylva so gerne hört.

b) Bilde zwei eigene Wikingersätze mit **das** und ersetze dann durch **dieses**, **jenes** oder **welches**.

2 Verbinde die beiden Sätze durch **dass** miteinander. Denke daran, dass zwischen den verbundenen Sätzen ein Komma steht.

Heft 2, Seite 37 ②
Urobe ist sich sicher, dass Wickie eine Lösung findet. …

- Wickie findet eine Lösung. Urobe ist sich sicher.
- Der Schreckliche Sven holt mit seinem Schiff auf. Halvar hat Angst.
- Snorre lügt wie gedruckt. Urobe ärgert sich.
- Der Hafen von Flake ist nicht weit. Gorm sieht durchs Fernrohr.

7 „das“ und „dass“ richtig schreiben

1 Lass für ein Partnerkind eine Münze oder einen Spielchip auf den Spielplan fallen. Dein Partnerkind muss alle Aufgaben lösen, auf deren Feldern die Münze liegt.

▢: Entscheide, ob **das** oder **dass** richtig ist. Begründe deine Entscheidung.
zwei Sätze: Verbinde beide Sätze mit dem Bindewort **dass** sinnvoll zu einem Satz.

Jedes Kind spielt fünf Mal.

Ylvi soll häufiger üben. Gilby ist sich sicher.	Er hat genug gesehen. Urobe glaubte es.	Wickie denkt, ▢ er den besten Einfall hat.	Snorre lebt in dem Haus, ▢ in Flake am kleinsten ist.
Er hat keine Angst vor Wölfen mehr. Wickie beweist es.	▢ Dorf ist vor dem Schrecklichen Sven sicher.	Ylva ist froh, ▢ ▢ Dorf verschönert wurde.	Die Ankerleine ist gerissen. Urobe befürchtet es.
▢ Packeis, ▢ die Bucht versperrt, verhindert, ▢ ▢ Schiff ausläuft.	Gorm sagt, ▢ es morgen schneit.	Er muss heute früh ins Bett. Wickie stört es.	Faxe hofft, ▢ ▢ Wetter heute sonnig bleibt.
Wickie verletzt sich beim Klettern. Ilvi hat Angst.	Dies ist ▢ Lied, ▢ Ulme geschrieben hat.	▢ Bärenfell, ▢ Gorm will, ▢ ist schwer zu kriegen.	Ylvi wird wieder gesund. Wickie hofft es.
Faxe denkt, ▢ ▢ Liedchen Ulme gefallen wird.	Snorre ist wieder gesund. Halvar ist glücklich.	Letztes Jahr war ▢ Zielschießen bei Nebel.	Der Wolf kann nicht ins Dorf. Die Wikinger sind froh.
	Halvar isst den ganzen Schinken. Ylva glaubt es nicht.	Wickie hat eine Idee. Gorm ist entzückt.	Tjure ruft, ▢ der Schreckliche Sven in Sicht ist.

8 Strategien wiederholen

[◡◡] [M] [ϟ] [↪]

Auf einen Blick:

[◡◡] In Silben gliedern. So vergesse ich keinen Buchstaben: loben

[↪] Ein Verlängerungswort finden und weiterschwingen. So finde ich **b** oder **p**, **d** oder **t** oder **g** oder **k** am Wortende: Zwer↪ die Zwerge

[ϟ] Ein Ableitungswort bilden. So unterscheide ich **ä** und **e** oder **äu** und **eu**: Häschen ϟ Hase, Zäune ϟ Zaun

[M] Merken oder nachschlagen: Klee, Soße, Mai, Wachs, Handy, …

1 Lies, was Tim zu seinem Schullandheimaufenthalt schreibt. Schreibe die unvollständigen Wörter richtig auf. Die Symbole helfen dir, die passende Strategie anzuwenden.

Heft 2, Seite 39 ①
Schullandheim ↪ Länder
echt ↪ echtes Gold

Im Schu*lan*heim [◡◡] [↪] war es ech* [↪] furch*bar. [◡◡]
Es ga* [↪] t*glich [ϟ] nur Ka*to*eln [◡◡] [◡◡] zu e*en [◡◡].
Mein Be* [↪] war total schmutzi* [↪]. Mich juckt es übera* [↪].
Besti*t [↪] habe ich mir L*se [ϟ] oder Wanzen geholt.

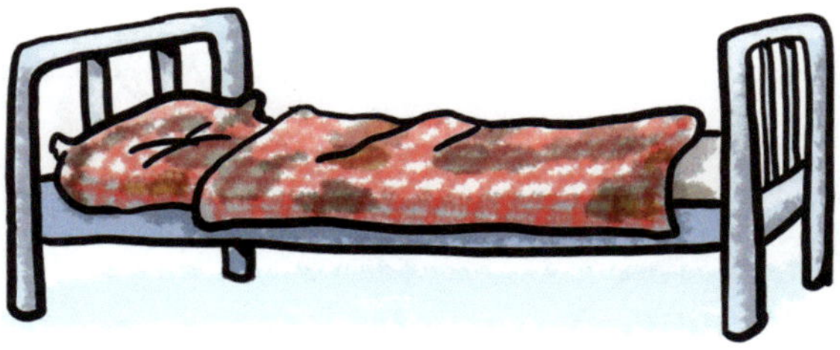

2 Überlege, welche Strategie dir hilft, die markierten Stellen richtig zu schreiben. Ordne zu.

wandern * Ausflug * Vesperpause *
draußen * Äste * Tanne * Eichhörnchen *
Waldweg * Bäume * häufig * Fuchs *
Förster * Jäger * Reh * nass

Heft 2, Seite 39 ②
[◡◡]: Tanne, …
[ϟ]: Ausflug, …
[↪]: …
[M]: …

8 Die richtige Schreibweise finden

Ich gebe dir Tipps.

1 Prüfe die Länge des Selbstlautes und ergänze die fehlenden Buchstaben. Schreibe die Texte auf.

Heft 2, Seite 40 ①
a) Besonders …
b) Auch das Bad …
c) Nie wieder …

a) Entscheide: **doppelter** oder **einfacher Mitlaut**?

Denke daran weiterzuschwingen.

Besonders schli* (m/mm) fand ich das E*en (s/ss). Die Su*e (p/pp) war tota* (l/ll) versalzen und man ko*te (n/nn) kaum erke*en (n/nn), woraus sie bestand. Mir wurde echt ü*el (b/bb). Auch das Geschi* (r/rr) war ura*t (l/ll), die Te*er (l/ll) und Ta*en (s/ss) ha*en (t/tt) Macken, die Me*er (s/ss) waren ro*tig (s/ss) und die Lö*el (f/ff) verbo*en (g/gg).

Denke an die **Zwielaute** und die **Eselsbrücke**.

b) Entscheide: **ck** oder **k**; **tz** oder **z**?

Auch das Bad war gan* dre*ig. Alles war e*elhaft verspri*t und der Pu* blätterte von der Wand. Die Dusche war ein ein*iger Wi*: sie war so verkal*t, dass nur ein paar win*ige Tropfen kamen. Außerdem fun*tionierte die Hei*ung nicht, so dass es eiskalt war.

c) Entscheide: **i** oder **ie**?

Ein langes i schreibst du meist ie.

N* w*der w*ll *ch *n d*ses Schullandheim! Es war w*rklich schl*mm. Aber v*lleicht w*ssen d* anderen K*nder ein besseres Reisez*l.

2 Finde in jeder Wortfamilie ein Kuckucksei.

Der **Wortstamm** bleibt meist gleich.

Heft 2, Seite 40 ②
löblich, …

die Belohnung ✱ der Lohn ✱ löblich ✱ es lohnt sich ✱ entlohnen

fühlen ✱ gefühlvoll ✱ das Gefühl ✱ die Erfüllung ✱ fühlbar

die Sonne ✱ sonnig ✱ sonderbar ✱ das Sonnensystem ✱ Sonntag

der Reiseführer ✱ entführen ✱ die Vorführung ✱ fürstlich ✱ verführen

8 Einen Text verbessern

1 Lies den Text.

a) Sprich in Silben und finde so die Tippfehler (verdrehte oder fehlende Buchstaben) in den markierten Wörtern. Schreibe sie richtig auf.

b) Schlage die übrigen markierten Wörter nach und schreibe sie richtig auf.

Heft 2, Seite 41 ①
das Lieblingsbuch, ...

Heute möchte ich euch mein Lieblingbuch vorstellen. Es heißt: „Anton taucht ab" von Milena Baisch. Mir hat das Buch so gut gefallen, weil es lustig ist, und weil mir Anton, der immer nur so coul tut, eigentlich sympatisch ist. In dem Buch erzählt Anton eine Abenteurheldengeschichte von sich selbst.

Anton, der am liebsten Actionfime guckt oder im Internet surrft, fährt mit seinen Großeltern in den Urlaub auf den Campingplatz. Dort angekommen, entdeckt er die Kathastrophe: weit und breit kein Swimming-Pool, dafür ein Ekelsee voller Schlinkpflanzen. Die erste Begegnung mit den Kindern vom Steeg verläuft dann auch weniger gut. Marie ist ja noch ganz nett. Aber schnell wird klar, dass der ältere Junge mit der Pudelfriesur Ärger macht.

Nix mit Auschlafen und Weiterträumen von spannenden Misionen als Kampfpilot oder von Massenkarambollagen, nein, Angeln mit Opa ist angesagt. Zum Schein geht Anton darauf ein, findet das Ganze aber total eklig. Dann fängt Opa einen zu kleinen Fisch. Einen Barsch. Als Opa den Fisch als Köhder für den nächsten Tag vewenden will, prottestiert Anton, denn er hat sich mit „Piranha" angefreundet. Und so erkundet Anton gemeinsam mit Piranha, den er in einem Gurkenglas auf seinen fernegsteuerten Geländewagen geschnallt hat, den Campingplatz und zeigt dem Fisch die Welt der Menschen ...

→ AH Seite 60

8 Strategien finden und Regeln anwenden

1 Wende dein Wissen an.

a) Finde zu den Wörtern mit den blauen Buchstaben eine Strategie, die dir hilft, die Wörter an der blauen Stelle richtig zu schreiben. Schreibe das Symbol und das Wort auf.

b) Schreibe zu den Wörtern mit den roten Buchstaben einen Tipp, eine Eselsbrücke oder eine Regel auf, die dir hilft, die Wörter an der roten Stelle richtig zu schreiben.

Heft 2, Seite 42 ①
a) [w]: die Formeln
[M]: der Saal
…
b) der Widerschein =
Nomen schreibe ich groß.
…

Der Widerschein des grünen Feuers zuckte über die Berge von alten und neuen Büchern, in denen all die Formeln und Rezepte standen, die Irrwitzer für seine Experimente brauchte. Aus den dunklen Ecken des Saales blinkten geheimnisvoll Retorten, Gläser, Flaschen und spiralige Röhren, in denen Flüssigkeiten aller Farben stiegen und fielen, tropften und dampften. Außerdem gab es Computer und elektrische Geräte, an denen fortwährend winzige Lämpchen flimmerten. In einer finsteren Nische schwebten geräuschlos und beständig rot und blau leuchtende Kugeln auf und nieder und in einem kristallenen Behälter wirbelte Rauch, der sich in gewissen Abständen zur Form einer glimmenden Gespensterblume zusammenzog.

Michael Ende

2 Finde im Text drei Merkwörter mit langem i.

Heft 2, Seite 42 ②
der Widerschein, …

3 Finde im Text das eine Fremdwort, das anders geschrieben wird, als du es sprichst.

Heft 2, Seite 42 ③
…

8 Rechtschreibfehler verbessern

1 Ordne den Wörtern die passenden Symbole zu.
Schreibe sie richtig auf.

Im Wald und an Wiesenr★ndern ka★st du Wil★früchte finden.

Die Hagebu★e ist die Fruch★ der Wil★rose.

Diese kna★rote B★re ke★t jedes Kin★. M

Hast du daraus auch schon einmal Juckpul★er hergeste★t? M

Heft 2, Seite 43 ①
a) Wiesenränder Rand
kannst können
...
b) ...

2 In diesem Text sind die Fehler schon markiert.
Schreibe ihn fehlerfrei ab.
Lass dabei immer eine Zeile frei.
Schreibe die Begründung für die richtige Schreibweise in die leere Zeile darüber.

Heft 2, Seite 43 ②
(Nomen = groß)
Im Oktober schallt lautes ...

Im oktober schallt lautes Gebrül durch die Wälder. Das sind die Männlichen Hische. Sie wollen damit die Weipchen beeindruken. Außerdem soll das geschrei die anderen Hirschmenner vertreiben.

3 Dieser Text enthält viele Fehler.
Schreibe ihn fehlerfrei ab.

Bei unserem Waltspaziergang treffen | I
wir heufig den Föster. Er nimt sich | III
immer viel zeit. Gerne beantwortet | I
er unser Fragen oder gipt uns Tipps. | II
heute want er uns vor dem sturm. | III
Dabei können Morsche Äste | I
abrechen und herunterfallen. | I

Heft 2, Seite 43 ③
Bei unserem Waldspaziergang ...

4

Wörterliste

A a

aber
abends
das **Abon|ne|ment,** die Abonnements
acht
der **Af|fe,** die Affen
al|lein
al|les
das **Al|pha|bet,** die Alphabete
än|dern, sie änderte, sie hat geändert, sie wird ändern
der **An|fang,** die Anfänge
an|fan|gen, er fing an, er hat angefangen, er wird anfangen
die **An|gel,** die Angeln
der **Ap|fel,** die Äpfel
die **Ap|fel|si|ne,** die Apfelsinen
der **April**
ar|bei|ten, er arbeitete, er hat gearbeitet, er wird arbeiten
är|gern, sie ärgerte, sie hat geärgert, sie wird ärgern
der **Arzt,** die Ärzte
die **Ärz|tin,** die Ärztinnen
der **Ast,** die Äste
auf|füh|ren, er führte auf, er hat aufgeführt, er wird aufführen
auf|räu|men, sie räumte auf, sie hat aufgeräumt, sie wird aufräumen
das **Au|ge,** die Augen
der **Au|gust**
au|ßen
das **Au|to,** die Autos
die **Axt,** die Äxte

B b

das **Ba|by**
der **Bach,** die Bäche
ba|cken, er backte (auch: buk), er hat gebacken, er wird backen
das/die **Ba|guette,** die Baguettes
die **Bahn,** die Bahnen
bald
der **Ball,** die Bälle
die **Bank,** die Bänke
der **Bär,** die Bären
die **Bat|te|rie,** die Batterien
der **Bauch,** die Bäuche
bäuch|lings
der **Baum,** die Bäume
die **Bee|re,** die Beeren
be|gin|nen, sie begann, sie hat begonnen, sie wird beginnen
das **Bein,** die Beine
bei|ßen, er biss, er hat gebissen, er wird beißen
be|loh|nen, sie belohnte, sie hat belohnt, sie wird belohnen
be|quem, bequemer, am bequemsten
der **Berg,** die Berge
be|schäf|ti|gen, er beschäftigte, er hat beschäftigt, er wird beschäftigen
be|stimmt
das **Bett,** die Betten
die **Bi|blio|thek,** die Bibliotheken
bie|gen, er bog, er hat gebogen, er wird biegen
die **Bie|ne,** die Bienen
das **Bild,** die Bilder
bit|ten, sie bat, sie hat gebeten, sie wird bitten
das **Blatt,** die Blätter
bli|cken, er blickte, er hat geblickt, er wird blicken
blin|ken, es blinkte, es hat geblinkt, es wird blinken
der **Blitz,** die Blitze
bloß
die **Blu|me,** die Blumen
die **Blü|te,** die Blüten
der **Bo|den,** die Böden
der/das **Bon|bon,** die Bonbons
das **Boot,** die Boote
bo|xen, sie boxte, sie hat geboxt, sie wird boxen
bra|ten, er briet, er hat gebraten, er wird braten
bre|chen, sie brach, sie hat gebrochen, sie wird brechen
der **Brief,** die Briefe
die **Bril|le,** die Brillen
brin|gen, er brachte, er hat gebracht, er wird bringen
der **Brot|laib,** die Brotlaibe
der **Bru|der,** die Brüder
das **Buch,** die Bücher
die **But|ter**

C c

das **Ca|fé,** die Cafés
der **Cent,** die Cents
das **Cha|mä|le|on,** die Chamäleons
der **Cham|pi|gnon,** die Champignons
der **Com|pu|ter,** die Computer

D d

da|bei
dan|ken, er dankte, er hat gedankt, er wird danken
der **Dau|men,** die Daumen
den|ken, sie dachte, sie hat gedacht, sie wird denken
der **De|tek|tiv**
deut|lich, deutlicher, am deutlichsten
der **De|zem|ber**
dick, dicker, am dicksten
der **Dieb,** die Diebe
der **Diens|tag,** die Dienstage
die **Dis|ket|te,** die Disketten
der **Don|ners|tag,** die Donnerstage
doof, doofer, am doofsten
das **Dorf,** die Dörfer
die **Do|se,** die Dosen
der **Draht,** die Drähte
dre|ckig, dreckiger, am dreckigsten
drei
drei|ßig
dröh|nen, sie dröhnte, sie hat gedröhnt, sie wird dröhnen
drü|cken, er drückte, er hat gedrückt, er wird drücken
du
dumm, dümmer, am dümmsten
dun|kel, dunkler, am dunkelsten
der **Durst**
der **Dy|na|mo,** die Dynamos

E e

das **Ei,** die Eier
der **Ei|mer,** die Eimer
ein|pa|cken, sie packte ein, sie hat eingepackt, sie wird einpacken
eins
der **Ein|tritt,** die Eintritte
die **Ein|zahl**
der **Ele|fant,** die Elefanten
die **El|tern**
end|lich
die **En|te,** die Enten
ent|fer|nen, er entfernte, er hat entfernt, er wird entfernen
ent|hal|ten, es enthielt, es hat enthalten, es wird enthalten
die **Er|de**
er|lau|ben, er erlaubte, er hat erlaubt, er wird erlauben
er|wach|sen
er|zäh|len, sie erzählte, sie hat erzählt, sie wird erzählen
es|sen, er aß, er hat gegessen, er wird essen
ex|tra

F f

das **Fach,** die Fächer
fah|ren, sie fuhr, sie ist gefahren, sie wird fahren
die **Fahr|kar|te,** die Fahrkarten

das **Fahr|rad,** die Fahrräder
die **Fahrt,** die Fahrten
fal|len, er fiel, er ist gefallen, er wird fallen
die **Fa|mi|lie,** die Familien
fan|gen, er fing, er hat gefangen, er wird fangen
fas|sen, sie fasste, sie hat gefasst sie wird fassen
der **Fe|bru|ar**
feh|len, sie fehlte, sie hat gefehlt, sie wird fehlen
das **Feld,** die Felder
die **Fei|er,** die Feiern
fei|ern, er feierte, er hat gefeiert, er wird feiern
die **Fe|ri|en**
der **Fern|se|her,** die Fernseher
die **Fi|gur,** die Figuren
der **Fin|ger,** die Finger
der **Fisch,** die Fische
die **Fla|sche,** die Flaschen
flei|ßig, fleißiger, am fleißigsten
flie|gen, sie flog, sie ist geflogen, sie wird fliegen
flie|ßen, es floss, es ist geflossen, es wird fließen
das **Flug|zeug,** die Flugzeuge
der **Fluss,** die Flüsse
der **Föhn,** die Föhne
das **Fo|to,** die Fotos
fra|gen, sie fragte, sie hat gefragt, er wird fragen
der **Frei|tag,** die Freitage
fres|sen, er fraß, er hat gefressen, er wird fressen
der **Freund,** die Freunde
freund|lich, freundlicher, am freundlichsten
der **Frie|den**
der **Fri|seur/Fri|sör,** die Friseure/ Frisöre
fröh|lich, fröhlicher, am fröhlichsten
früh, früher, am frühsten
der **Früh|ling,** die Frühlinge
früh|stü|cken, sie frühstückte, sie hat gefrühstückt, sie wird frühstücken
der **Fuchs,** die Füchse
füh|len, sie fühlte, sie hat gefühlt, sie wird fühlen
füh|ren, er führte, er hat geführt, er wird führen
fünf
der **Fuß,** die Füße
der **Fuß|ball,** die Fußbälle
das **Fut|ter**

G g

ganz
der **Gar|ten,** die Gärten
ge|ben, sie gab, sie hat gegeben, sie wird geben
die **Ge|fahr,** die Gefahren
ge|fal|len, es gefiel, es hat gefallen, es wird gefallen
ge|hen, er ging, er ist gegangen, er wird gehen
der **Geh|weg,** die Gehwege
das **Geld**
das **Ge|mü|se,** die Gemüse
das **Ge|rät,** die Geräte
das **Ge|schäft,** die Geschäfte
das **Ge|schenk,** die Geschenke
das **Ge|sicht,** die Gesichter
ges|tern
ge|win|nen, sie gewann, sie hat gewonnen, sie wird gewinnen
das **Ge|wit|ter,** die Gewitter
gie|ßen, sie goss, sie hat gegossen, sie wird gießen
das **Glas,** die Gläser
die **Glo|cke,** die Glocken
glück|lich, glücklicher, am glücklichsten
glü|hen, es glühte, es hat geglüht, es wird glühen
gräss|lich, grässlicher, am grässlichsten
groß, größer, am größten
die **Groß|el|tern**
grü|ßen, er grüßte, er hat gegrüßt, er wird grüßen
gut, besser, am besten

H h

das **Haar,** die Haare
der **Hai,** die Haie
der **Ham|mer,** die Hämmer
die **Hand,** die Hände
das **Han|dy,** die Handys
hän|gen, er hängte/er hing, er hat gehängt/er hat gehangen, er wird hängen
hart, härter, am härtesten
der **Ha|se,** die Hasen
das **Haus,** die Häuser
das **Heft,** die Hefte
heiß, heißer, am heißesten
hei|ßen, sie hieß, sie hat geheißen, sie wird heißen
die **Hei|zung,** die Heizungen
hel|fen, er half, er hat geholfen, er wird helfen
hell, heller, am hellsten
her|vor|ra|gend
heu|te
die **He|xe,** die Hexen
das **Hob|by,** die Hobbys
die **Höh|le,** die Höhlen
die **Ho|se,** die Hosen
der **Hub|schrau|ber,** die Hubschrauber
der **Hund,** die Hunde
hun|dert
hüp|fen, sie hüpfte, sie ist gehüpft, sie wird hüpfen

I i

die **Idee,** die Ideen
der **Igel,** die Igel
ihm
ihr
im|mer
in|nen
das **In|ter|view,** die Interviews
der **Irr|tum,** die Irrtümer
in|zwi|schen

J j

die **Ja|cke,** die Jacken
der **Ja|nu|ar**
jetzt
der/das **Jo|ghurt/Jo|gurt,** die Joghurts/Jogurts
der **Ju|li**
der **Jun|ge,** die Jungen
der **Ju|ni**

K k

der **Kaf|fee,** die Kaffees
der **Kä|fig,** die Käfige
der **Kä|se,** die Käse
der **Kai|ser,** die Kaiser
der **Kamm,** die Kämme
kämp|fen, er kämpfte, er hat gekämpft, er wird kämpfen
die **Kan|ne,** die Kannen
ka|putt
die **Kat|ze,** die Katzen
kau|fen, sie kaufte, sie hat gekauft, sie wird kaufen
ken|nen, er kannte, er hat gekannt, er wird kennen
das **Kind,** die Kinder
das **Ki|no,** die Kinos
das **Kis|sen,** die Kissen
kit|zeln, sie kitzelte, sie hat gekitzelt, sie wird kitzeln
kläf|fen, er kläffte, er hat gekläfft, er wird kläffen
die **Klas|se,** die Klassen
das **Kla|vier,** die Klaviere

das **Kleid,** die Kleider
klein, kleiner, am kleinsten
klin|gen, es klang, es hat geklungen, es wird klingen
klop|fen, sie klopfte, sie hat geklopft, sie wird klopfen
ko|chen, er kochte, er hat gekocht, er wird kochen
der **Kö|nig,** die Könige
kön|nen, sie konnte, sie hat gekonnt, sie wird können
der **Kopf,** die Köpfe
die **Krä|he,** die Krähen
krank, kränker, am kränksten
das **Kran|ken|haus,** die Krankenhäuser
das **Kro|ko|dil,** die Krokodile
die **Kü|che,** die Küchen
der **Ku|chen,** die Kuchen
kühl, kühler, am kühlsten
die **Kur|ve,** die Kurven
kurz, kürzer, am kürzesten

L l

lä|cheln, er lächelte, er hat gelächelt, er wird lächeln
la|chen, sie lachte, sie hat gelacht, sie wird lachen
das **Land,** die Länder
lang|sam, langsamer, am langsamsten
der **Lärm**
las|sen, er ließ, er hat gelassen, er wird lassen
lau|fen, sie lief, sie ist gelaufen, sie wird laufen
der **Läu|fer,** die Läufer
leer
leicht, leichter, am leichtesten
lei|den, er litt, er hat gelitten, er wird leiden
die **Lei|ter,** die Leitern
das **Leit|wort,** die Leitwörter
len|ken, er lenkte, er hat gelenkt, er wird lenken
le|sen, sie las, sie hat gelesen, sie wird lesen
das **Le|xi|kon,** die Lexika
das **Licht,** die Lichter
die **Lie|be**
die **Li|nie,** die Linien
das **Loch,** die Löcher
lo|cker, lockerer, am lockersten
der **Löf|fel,** die Löffel
die **Luft,** die Lüfte
lus|tig

M m

ma|chen, sie machte, sie hat gemacht, sie wird machen
das **Mäd|chen,** die Mädchen
das **Mär|chen,** die Märchen
die **Mäh|ne,** die Mähnen
der **Mai**
das **Mai|glöck|chen,** die Maiglöckchen
der **Mais**
ma|len, er malte, er hat gemalt, er wird malen
manch|mal
der **Mann,** die Männer
der **Man|tel,** die Mäntel
der **März**
die **Ma|schi|ne,** die Maschinen
die **Mas|ke,** die Masken
die **Ma|trat|ze,** die Matratzen
die **Mau|er,** die Mauern
die **Maus,** die Mäuse
das **Meer,** die Meere
mes|sen, er maß, er hat gemessen, er wird messen
das **Mes|ser,** die Messer
mich
die **Milch**
der **Mit|tag,** die Mittage
mit|tags
die **Mit|te,** die Mitten
der **Mitt|woch,** die Mittwoche
der **Mo|nat,** die Monate
der **Mond,** die Monde
der **Mo|ni|tor,** die Monitore
der **Mon|tag,** die Montage
mor|gens
die **Müh|le,** die Mühlen
der **Müll**
der **Mund,** die Münder
die **Mu|schel,** die Muscheln
die **Mu|sik**
müs|sen, er musste, er hat gemusst, er wird müssen
die **Mut|ter,** die Mütter
die **Müt|ze,** die Mützen

N n

die **Nacht,** die Nächte
nachts
der **Na|gel,** die Nägel
näm|lich
die **Na|se,** die Nasen
nass, nasser/nässer, am nassesten/am nässesten
neh|men, sie nahm, sie hat genommen, sie wird nehmen
das **Netz,** die Netze
neu, neuer, am neuesten/am neusten
neun
nichts
nie
der **No|vem|ber**
nun
nur

O o

ob
oben
of|fen
oft
oh|ne
das **Ohr,** die Ohren
der **Ok|to|ber**
der **Ort,** die Orte

P p

paar
das **Paar,** die Paare
pa|cken, er packte, er hat gepackt, er wird packen
das **Pa|pier,** die Papiere
der **Pa|ra|graph/Pa|ra|graf,** die Paragraphen/Paragrafen
der **Pas|sa|gier,** die Passagiere
par|ken, sie parkte, sie hat geparkt, sie wird parken
die **Pfan|ne,** die Pfannen
der **Pfef|fer**
die **Pfei|fe,** die Pfeifen
das **Pferd,** die Pferde
der **Platz,** die Plätze
plötz|lich
das **Por|te|mon|naie/Port|mo|nee,** die Portemonnaies/die Portmonees
der **Preis,** die Preise
pro|bie|ren, sie probierte, sie hat probiert, sie wird probieren
die **Prü|fung,** die Prüfungen
der **Punkt,** die Punkte
das **Puzz|le,** die Puzzles
der **Py|ja|ma,** die Pyjamas
die **Py|ra|mi|de,** die Pyramiden

Qu qu

die **Qual|le,** die Quallen
der **Qualm**
der **Quark**
das **Quar|tett,** die Quartette
quat|schen, er quatschte, er hat gequatscht, er wird quatschen
quer
quiet|schen, es quietschte, es hat gequietscht, es wird quietschen

R r

das **Rad,** die Räder
ra|ten, sie riet, sie hat geraten, sie wird raten
das **Rät|sel,** die Rätsel
der **Rauch**
der **Raum,** die Räume
rech|nen, sie rechnete, sie hat gerechnet, sie wird rechnen
das **Re|gal,** die Regale
der **Re|gen**
rei|sen, er reiste, er ist gereist, er wird reisen
rei|ßen, es riss, es ist gerissen, es wird reißen
ren|nen, er rannte, er ist gerannt, er wird rennen
re|pa|rie|ren, sie reparierte, sie hat repariert, sie wird reparieren
ret|ten, sie rettete, sie hat gerettet, sie wird retten
der **Ret|tungs|dienst,** die Rettungsdienste
rich|tig
rie|chen, es roch, es hat gerochen, es wird riechen
der **Rie|se,** die Riesen
der **Ring,** die Ringe
rot, röter, am rötesten
der **Rü|cken,** die Rücken
rüh|ren, er rührte, er hat gerührt, er wird rühren
die **Rut|sche,** die Rutschen

S s

die **Sa|che,** die Sachen
die **Sä|ge,** die Sägen
sa|gen, er sagte, er hat gesagt, er wird sagen
die **Sai|son,** die Saisons
die **Sai|te** (der Gitarre), die Saiten
sam|meln, er sammelte, er hat gesammelt, er wird sammeln
der **Sams|tag,** die Samstage
der **Sand**
der **Satz,** die Sätze
sau|ber, sauberer, am saubersten
sau|er, saurer, am sauersten
säu|er|lich, säuerlicher, am säuerlichsten
die **Schal,** die Schals
schal|ten, sie schaltete, sie hat geschaltet, sie wird schalten
schäu|men, es schäumte, es hat geschäumt, es wird schäumen
die **Sche|re,** die Scheren
schie|ben, sie schob, sie hat geschoben, sie wird schieben
schief, schiefer, am schiefsten
das **Schiff,** die Schiffe
schla|fen, es schlief, es hat geschlafen, es wird schlafen
der **Schlauch,** die Schläuche
schlie|ßen, er schloss, er hat geschlossen, er wird schließen
schlimm, schlimmer, am schlimmsten
der **Schlit|ten,** die Schlitten
schlu|cken, sie schluckte, sie hat geschluckt, sie wird schlucken
schmut|zig, schmutziger, am schmutzigsten
die **Schne|cke,** die Schnecken
der **Schnee**
schnell, schneller, am schnellsten
schreck|lich, schrecklicher, am schrecklichsten
schre|iben, er schrieb, er hat geschrieben, er wird schreiben
der **Schuh,** die Schuhe
die **Schu|le,** die Schulen
das **Schul|fest,** die Schulfeste
der **Schul|hof,** die Schulhöfe
die **Schul|ta|sche,** die Schultaschen
schüt|teln, sie schüttelte, sie hat geschüttelt, sie wird schütteln
der **Schwamm,** die Schwämme
der **Schwanz,** die Schwänze
schwei|gen, sie schwieg, sie hat geschwiegen, sie wird schweigen
schwer, schwerer, am schwersten
die **Schwes|ter,** die Schwestern
schwie|rig, schwieriger, am schwierigsten
schwim|men, er schwamm, er ist geschwommen, er wird schwimmen
sechs
se|hen, er sah, er hat gesehen, er wird sehen
sehr
die **Sei|fe,** die Seifen
seit
die **Sei|te** (eines Buchs), die Seiten
selt|sam, seltsamer, am seltsamsten
der **Sep|tem|ber**
set|zen, sie setzte, sie hat gesetzt, sie wird setzen
si|cher, sicherer, am sichersten
das **Sieb,** die Siebe
sie|ben
sie|gen, sie siegte, sie hat gesiegt, sie wird siegen
sin|gen, er sang, er hat gesungen, er wird singen
der **Sitz,** die Sitze
das **Skate|board,** die Skateboards
sol|len, er sollte, er hat gesollt
der **Som|mer,** die Sommer
der **Sonn|abend,** die Sonnabende
die **Son|ne,** die Sonnen
der **Sonn|tag,** die Sonntage
das **Sou|ve|nir,** die Souvenirs
die **Spa|get|ti/Spa|ghet|ti**
span|nend, spannender, am spannendsten
der **Spaß,** die Späße
das **Spiel,** die Spiele
spie|len, sie spielte, sie hat gespielt, sie wird spielen
das **Spiel|zeug,** die Spielzeuge
die **Spin|ne,** die Spinnen
spot|ten, er spottete, er hat gespottet, er wird spotten
die **Spra|che,** die Sprachen
spre|chen, sie sprach, sie hat gesprochen, sie wird sprechen
sprin|gen, er sprang, er ist gesprungen, er wird springen
sprit|zen, es spritzte, es hat gespritzt, es wird spritzen
spu|cken, sie spuckte, sie hat gespuckt, sie wird spucken
die **Stadt,** die Städte
der **Stamm,** die Stämme
stark, stärker, am stärksten
die **Start|bahn,** die Startbahnen
ste|cken, es steckte, es hat gesteckt, es wird stecken
ste|hen, sie stand, hat gestanden, sie wird stehen
stei|gen, er stieg, er ist gestiegen, er wird steigen
steil, steiler, am steilsten
der **Stein,** die Steine
die **Stel|le,** die Stellen
ster|ben, sie starb, sie ist gestorben, sie wird sterben
der **Stift,** die Stifte
still, stiller, am stillsten
stim|men, es stimmte, es hat gestimmt, es wird stimmen
sto|ßen, sie stieß, sie hat gestoßen, sie wird stoßen
die **Stra|fe,** die Strafen
der **Strand,** die Strände
die **Stra|ße,** die Straßen
der **Strauß,** die Sträuße
strei|ten, er stritt, er hat gestritten, er wird streiten
das **Stück,** die Stücke
der **Stuhl,** die Stühle
die **Stun|de,** die Stunden

der **Sturm,** die Stürme
su|chen, sie suchte, sie hat gesucht, sie wird suchen
süß, süßer, am süßesten

T t

die **Ta|fel,** die Tafeln
tan|ken, er tankte, er hat getankt, er wird tanken
die **Ta|sche,** die Taschen
das **Ta|xi,** die Taxis
der **Tee,** die Tees
das **Te|le|fon,** die Telefone
der **Tel|ler,** die Teller
die **Tem|pe|ra|tur,** die Temperaturen
teu|er, teurer, am teuersten
der **Text,** die Texte
das **The|ater,** die Theater
das **Tier,** die Tiere
der **Ti|ger,** die Tiger
der **Tisch,** die Tische
tra|gen, sie trug, sie hat getragen, sie wird tragen
die **Trä|ne,** die Tränen
tref|fen, er traf, er hat getroffen, er wird treffen
trei|ben, es trieb, es hat getrieben, es wird treiben
tren|nen, sie trennte, sie hat getrennt, sie wird trennen
der **Trick,** die Tricks
trin|ken, er trank, er hat getrunken, er wird trinken
trotz|dem
das **Tuch,** die Tücher
tur|nen, sie turnte, sie hat geturnt, sie wird turnen

U u

über|all
über|mor|gen
die **Uhr,** die Uhren
und
der **Un|fall|ort,** die Unfallorte
un|ten
der **Un|ter|richt,** die Unterrichte
der **Ur|laub,** die Urlaube

V v

der **Vam|pir,** die Vampire
die **Va|se,** die Vasen
der **Va|ter,** die Väter
das **Ven|til,** die Ventile
ver|bie|ten, er verbot, er hat verboten, er wird verbieten
ver|ges|sen, sie vergaß, sie hat vergessen, sie wird vergessen
der **Ver|käu|fer,** die Verkäufer
der **Ver|kehrs|unfall,** die Verkehrsunfälle
ver|let|zen, er verletzte, er hat verletzt, er wird verletzen
der **Ver|letz|te,** die Verletzten
ver|lie|ren, sie verlor, sie hat verloren, sie wird verlieren
ver|pas|sen, sie verpasste, sie hat verpasst, sie wird verpassen
ver|rei|sen, er verreiste, er ist verreist, er wird verreisen
ver|spielt, verspielter, am verspieltesten
ver|ste|cken, er versteckte, er hat versteckt, er wird verstecken
ver|ste|hen, sie verstand, sie hat verstanden, sie wird verstehen
ver|wech|seln, er verwechselte, er hat verwechselt, er wird verwecheln
viel
viel|leicht
vier
der **Vo|gel,** die Vögel
voll
von
vor
vor|bei
vor|ges|tern
der **Vor|mit|tag,** die Vormittage
vorn
vor|sich|tig, vorsichtiger, am vorsichtigsten
vor|stel|len, sie stellte vor, sie hat vorgestellt, sie wird vorstellen
vor|wärts

W w

die **Waa|ge,** die Waagen
wach
wach|sen, sie wuchs, sie ist gewachsen, sie wird wachsen
wäh|len, er wählte, er hat gewählt, er wird wählen
wäh|rend
die **Wai|se** (Kind ohne Eltern), die Waisen
der **Wal,** die Wale
der **Wald,** die Wälder
die **Wand,** die Wände
warm, wärmer, am wärmsten
wa|schen, er wusch, er hat gewaschen, er wird waschen
wech|seln, sie wechselte, sie hat gewechselt, sie wird wechseln
der **Weg,** die Weg
weiß, weißer, am weißesten
die **Welt,** die Welten
wer|fen, er warf, sie hat geworfen, sie wird werfen
wi|ckeln, sie wickelte, sie hat gewickelt, sie wird wickeln
wie|der
wie|so
wild, wilder, am wildesten
win|ken, sie winkte, sie hat gewinkt, sie wird winken
wir
wis|sen, er wusste, er hat gewusst, er wird wissen
der **Witz,** die Witze
die **Wo|che,** die Wochen
die **Woh|nung,** die Wohnungen
wol|len, er wollte, er hat gewollt, er wird wollen
wün|schen, sie wünschte, sie hat gewünscht, sie wird wünschen

X x

das **Xy|lo|phon,** die Xylophone

Y y

das **Yak,** die Yaks

Z z

die **Zahl,** die Zahlen
zäh|len, er zählte, er hat gezählt, er wird zählen
der **Zahn,** die Zähne
der **Zaun,** die Zäune
der **Zeh,** die Zehen
zehn
zeich|nen, er zeichnete, er hat gezeichnet, er wird zeichnen
zei|gen, sie zeigte, sie hat gezeigt, sie wird zeigen
die **Zeit,** die Zeiten
die **Zei|tung,** die Zeitungen
das **Zelt,** die Zelte
der **Zet|tel,** die Zettel
das **Zeug|nis,** die Zeugnisse
zie|hen, es zog, es hat gezogen, es wird ziehen
das **Ziel,** die Ziele
das **Zim|mer,** die Zimmer
der **Zir|kus,** die Zirkusse
der **Zoo,** die Zoos
der **Zu|cker**
der **Zug,** die Züge
zu|letzt
die **Zun|ge,** die Zungen
zu|rück
zu|sam|men
zwei
der **Zy|lin|der,** die Zylinder